Livro para principiantes sobre como iniciar um negócio de criação de cães

Guia do criador para ganhar dinheiro, artigos para negócios caninos, lidar com cães de serviço e dar à luz cachorros

Por Brian Mahoney

**Direitos de autor © 20124 Brian Mahoney
Todos os direitos reservados.**

Declaração de exoneração de responsabilidade

Este livro foi escrito como um guia para a criação de uma empresa. Como qualquer outra ação de alto rendimento, abrir uma empresa tem um certo grau de risco. Este livro não se destina a substituir o aconselhamento contabilístico, jurídico, financeiro ou outro aconselhamento profissional. Se necessitar de aconselhamento em qualquer um destes domínios, aconselha-se a procurar os serviços de um profissional.

Embora o autor tenha tentado tornar as informações contidas neste livro tão exactas quanto possível, não é dada qualquer garantia quanto à exatidão ou atualidade de qualquer item individual. As leis e os procedimentos relacionados com os negócios estão em constante mudança.

Por conseguinte, em caso algum Brian Mahoney, o autor deste livro, será responsável por quaisquer danos especiais, indirectos ou consequentes ou por quaisquer danos relacionados com a utilização das informações aqui fornecidas.

Todos os direitos reservados

Nenhuma parte deste livro pode ser utilizada ou reproduzida, seja de que forma for, sem a autorização escrita do autor.

Índice

CCapítulo 1 Visão geral da criação de cães

Capítulo 2 Reprodução e parto dos canídeos

Capítulo 3 Guia para a criação de cães de assistência

Capítulo 4 Material e equipamento para a criação de cães

Capítulo 5 Começar a trabalhar passo a passo

Capítulo 6 A melhor forma de redigir um plano de negócios

Capítulo 7 Seguros de empresas

Capítulo 8 Mina de ouro das subvenções governamentais

Capítulo 9 Dinheiro colossal do financiamento coletivo

Capítulo 10 Marketing Como chegar a um bilião de pessoas de graça!

Capítulo 11 GUIA DE RECURSOS WEB PARA A CRIAÇÃO DE CÃES

Capítulo 1
Criação de cães
Visão geral

Visão geral da criação de cães

CRIAÇÃO DE CÃES

Associação Americana de Criadores de Cães

A American Dog Breeders Association, Inc. foi fundada em setembro de 1909 como uma associação de múltiplas raças. O presidente residente, o Sr. Guy McCord, era um ávido adepto e criador do American Pit Bull Terrier, e era um amigo próximo do Sr. John P. Colby. O Sr. Colby era o pilar da A.D.B.A., que se gabava de ser o gabinete de registo "doméstico" dos cães Colby. Todos os membros, em boa situação, podiam registar os seus cães e ninhadas no departamento de registo mediante o pagamento anual de uma quota de 2,50 dólares. Parece que a ideia do membro exclusivo foi gradualmente substituída por um registo aberto a todos os proprietários e criadores de cães de raça pura. Com o tempo, a associação concentrou-se no registo do American Pit Bull Terrier.

Visão geral da criação de cães

A A.D.B.A. passou das mãos do Sr. McCord para o Sr. Frank Ferris em 1951. Este, juntamente com a sua esposa Florence Colby, (esposa do falecido John P. Colby) continuaram a dirigir a A.D.B.A. numa escala limitada, mas com uma ênfase crescente no registo exclusivo da raça A.P.B.T.

Em 1973, por recomendação de Howard Heinzl, Ralph Greenwood e a sua família compraram a A.D.B.A. ao Sr. Ferris, cuja idade avançada levou-o a reformar-se. (O Sr. Heinzl era um amigo pessoal de Frank Ferris e um firme apoiante da A.D.B.A., uma vez que registava os seus cães exclusivamente na A.D.B.A.) Muitas vezes desejamos que Frank pudesse ter vivido para testemunhar o crescimento da atual associação. Ele teria ficado satisfeito.

A associação continua a crescer nos EUA e noutros países do mundo. A American Dog Breeders Association Inc. é o maior gabinete de registo do American Pit Bull Terrier e aceita agora outros cães de raça pura, normalmente raças de trabalho.

A partir de 27 de outubro de 2006, o registo abre o seu livro genealógico para aceitar outros cães de raça pura.

Visão geral da criação de cães

O que é a criação de cães?

A criação de cães é a prática de acasalar cães selecionados com a intenção de manter ou produzir qualidades e caraterísticas específicas. Quando os cães se reproduzem sem intervenção humana, as caraterísticas dos seus descendentes são determinadas pela seleção natural, enquanto que "criação de cães" se refere especificamente à seleção artificial de cães, em que estes são criados intencionalmente pelos seus donos. Uma pessoa que acasala intencionalmente cães para produzir cachorros é designada por criador de cães. A criação baseia-se na ciência da genética, pelo que o criador com conhecimentos de genética canina, saúde e utilização pretendida para os cães tenta criar cães adequados.

Visão geral da criação de cães

História

Três gerações de "Westies" numa aldeia em Fife, na Escócia

Os seres humanos têm mantido populações de animais úteis em torno dos seus locais de habitat desde tempos pré-históricos. Alimentaram intencionalmente cães considerados úteis, enquanto negligenciaram ou mataram outros, estabelecendo assim uma relação entre os humanos e certos tipos de cães ao longo de milhares de anos. Ao longo destes milénios, os cães domesticados desenvolveram-se em tipos ou grupos distintos, como os cães de guarda de gado, os cães de caça e os sighthounds. A seleção artificial na criação de cães influenciou o comportamento, a forma e o tamanho dos cães nos últimos 14.000 anos.

A evolução dos cães a partir dos lobos é um exemplo de neotenia ou seleção por pedomorfismo, que resulta na retenção de caraterísticas físicas juvenis. Em comparação com os lobos, muitas raças de cães adultos retêm caraterísticas juvenis como pelo macio e felpudo, torsos redondos, cabeças e olhos grandes, orelhas que pendem em vez de ficarem erectas, etc.; caraterísticas que são partilhadas pela maioria dos mamíferos juvenis e que, por isso, geralmente suscitam um certo grau de comportamento protetor e de carinho entre espécies por parte da maioria dos mamíferos adultos, incluindo os humanos, que chamam a essas caraterísticas "giras" ou "apelativas".

Visão geral da criação de cães

Verificou-se que estas caraterísticas podem mesmo levar uma loba adulta a agir de forma mais defensiva em relação aos cachorros do que em relação aos cachorros lobo. O exemplo da neotenia canina vai ainda mais longe, na medida em que as várias raças de cães são diferentemente neotenizadas de acordo com o tipo de comportamento que foi selecionado.

Para manter estas distinções, os seres humanos acasalaram intencionalmente cães com determinadas caraterísticas para encorajar essas caraterísticas na descendência. Através deste processo, foram desenvolvidas centenas de raças de cães. Inicialmente, a posse de cães de trabalho e, mais tarde, de cães de raça pura, era um privilégio dos ricos. Atualmente, muitas pessoas podem comprar um cão. Alguns criadores optam por criar cães de raça pura, enquanto outros preferem o nascimento de uma ninhada de cachorros num registo canino, como o kennel club, para o registar em livros genealógicos como os mantidos pelo AKC (American Kennel Club).

Estes registos mantêm registos da linhagem dos cães e estão normalmente associados a clubes de canis. A manutenção de dados corretos é importante para a criação de cães de raça pura. O acesso aos registos permite a um criador analisar os pedigrees e antecipar caraterísticas e comportamentos.

Visão geral da criação de cães

Os requisitos para a criação de cães de raça pura registados variam consoante as raças, os países, os clubes de canicultura e os registos. Concluiu-se que "as descobertas implicam que, quando a reprodução selectiva foi feita por humanos, esmagou os focinhos de certas raças de cães, mas também transformou os seus cérebros" (Scientific American, 2010). Os criadores têm de cumprir as regras da organização específica para participarem nos seus programas de manutenção e desenvolvimento da raça. As regras podem aplicar-se à saúde dos cães, como radiografias das articulações, certificações da anca e exames oftalmológicos; às qualidades de trabalho, como passar num teste especial ou obter resultados numa prova; à conformação geral, como a avaliação de um cão por um especialista da raça. No entanto, muitos registos, particularmente os da América do Norte, não são agências de policiamento que excluem cães de má qualidade ou saúde. A sua principal função é simplesmente registar os cachorros nascidos de pais que estão eles próprios registados.

Visão geral da criação de cães

Crítica

Alguns cães têm determinadas caraterísticas hereditárias que podem evoluir para uma deficiência ou doença. A displasia da anca canina é uma dessas doenças. Está provado que algumas anomalias oculares, algumas doenças cardíacas e alguns casos de surdez são hereditários. Foram realizados estudos exaustivos sobre estas doenças, geralmente patrocinados por clubes de raças e registos de cães, enquanto os clubes de raças especializadas fornecem informações sobre defeitos genéticos comuns nas suas raças. Além disso, organizações especiais, como a Orthopedic Foundation for Animals, recolhem dados e fornecem-nos aos criadores, bem como ao público em geral. Doenças como a displasia da anca podem afetar mais algumas raças do que outras.

Alguns registos, como o American Kennel Club, podem incluir um registo da ausência de determinados defeitos genéticos, conhecido como certificação, no registo individual de um cão. Por exemplo, o clube nacional da raça do Cão de Pastor Alemão na Alemanha é um registo que reconhece que a displasia da anca é um defeito genético dos cães desta raça.

Visão geral da criação de cães

Assim, exige que todos os cães passem por uma avaliação da ausência de displasia da anca para registar a sua descendência, e regista os resultados nos pedigrees de cada cão.

Existem documentários da BBC intitulados "Pedigree Dogs Exposed" e "Pedigree Dogs Exposed - Three Years On" que afirmam a existência de problemas de saúde nos cães devido à consanguinidade. Problemas como a respiração na raça Pug e na raça Pequinês, problemas de coluna na raça Teckel e siringomielia na raça Cavalier King Charles Spaniel.

Alguns investigadores científicos defendem que os avanços na tecnologia de reprodução artificial para fins de criação de cães podem ser úteis, mas também têm "impactos prejudiciais" quando utilizados em excesso em vez dos princípios da seleção natural. Estes cientistas apelam a uma compreensão mais profunda da seleção natural, conduzindo a uma abordagem mais naturalista na criação de cães.

Visão geral da criação de cães

Cão de raça pura

Um cão de raça pura refere-se normalmente a um cão de uma raça moderna com um pedigree documentado num livro genealógico e pode estar registado num clube de raça que pode também fazer parte de um clube nacional de canis.

O cão de raça pura também pode ser utilizado de forma diferente para se referir a cães de tipos específicos de cães e raças autóctones que não são raças modernas. O biólogo Raymond Coppinger cita um exemplo de um pastor italiano que mantém apenas os cachorros brancos das ninhadas do seu cão de guarda de ovelhas e abate os restantes, porque define os brancos como de raça pura. Coppinger diz: "A definição de puro do pastor não está errada, é simplesmente diferente da minha". No entanto, a definição habitual é a que envolve as raças modernas.

Registo

Os cães de raça pura são membros com pedigree de raças modernas. Estes cães podem ser registados num clube de raça. Os clubes de raça podem ser um livro genealógico aberto ou um livro genealógico fechado, podendo o termo ser interpretado para qualquer um deles. Normalmente, o clube de raça está também associado a um clube de canil (AKC, UKC, CKC, etc.). No entanto, os cães que estão registados num clube de raça são normalmente designados por "registados".

Visão geral da criação de cães

Alguns usam o termo exclusivamente para um cão que também foi registado num clube de raça, mas mais frequentemente é usado simplesmente como um termo genérico para se referir a cães que têm pedigrees conhecidos dentro de uma raça padronizada. Um cão de raça pura não pode ser interpretado como um cão de alta qualidade. Não é uma reflexão sobre a qualidade da saúde, temperamento ou sagacidade do cão, mas apenas uma referência ao facto de o cão ter uma ascendência conhecida de acordo com o criador. Embora alguns clubes de raça possam agora garantir a ascendência através de testes de ADN, na maior parte dos casos todos os clubes de raça têm de confiar exclusivamente na palavra do criador e na escolha da ascendência. Nos primeiros anos do conceito de clube de canil, isto não era um problema, uma vez que a criação de cães era feita apenas entre os extremamente ricos e as suas reputações estavam em jogo. No entanto, nesta era moderna de criação, é preciso estar ciente de que mesmo um campeão de raça pura e registado, comprovado por ADN e que tenha ganho competições nacionais, pode ter problemas de saúde graves.

Visão geral da criação de cães

O livro genealógico fechado exige que todos os cães descendam de um conjunto conhecido e registado de antepassados; isto resulta numa perda de variação genética ao longo do tempo, bem como num tipo de raça altamente identificável, que é a base do desporto da exposição de conformação. A fim de melhorar caraterísticas específicas, a maioria dos cães de raça pura modernos registados em livros genealógicos fechados são altamente consanguíneos, aumentando a possibilidade de doenças de base genética.

O livro genealógico aberto, o que significa que alguns cruzamentos são aceitáveis, é frequentemente utilizado nos registos de cães de pastoreio, cães de caça e cães de trabalho (entendendo-se por cães de trabalho os cães-polícia, cães de assistência e outros cães que trabalham diretamente com seres humanos e não com caça ou gado) para cães que não se dedicam também ao desporto de exposições de conformação. Presume-se que os cruzamentos com outras raças e a criação para caraterísticas de trabalho (em vez de criação para aparência) resultem num cão mais saudável. O uso excessivo de um determinado reprodutor devido à conveniência do estilo de trabalho ou da aparência do cão leva a uma redução da diversidade genética, quer a raça use um livro genealógico aberto ou fechado.

Visão geral da criação de cães

O Jack Russell Terrier Club of America afirma: "A consanguinidade favorece os genes de excelência, bem como os genes deletérios". Algumas raças com livro genealógico aberto, como o Jack Russell Terrier, têm limitações rigorosas quanto à consanguinidade.

Raças cruzadas de cães

Os cães cruzados (cruzamentos de primeira geração de dois cães de raça pura, também designados por híbridos de cães) não são raças e não são considerados de raça pura, embora os cães cruzados das mesmas duas raças de raça pura possam ter "qualidades idênticas", semelhantes às que seriam esperadas do cruzamento de dois cães de raça pura, mas com mais variação genética. No entanto, os mestiços não são verdadeiros (o que significa que a descendência apresentará caraterísticas consistentes, replicáveis e previsíveis) e só podem ser reproduzidos regressando às duas raças puras originais.

Entre as raças de cães de caça, de pastoreio ou de trabalho em registos abertos, um cão cruzado pode ser registado como membro da raça com a qual mais se assemelha, se o cão trabalhar à maneira da raça.

Visão geral da criação de cães

Alguns registos de cães de caça, pastoreio ou trabalho aceitam cães de raças mistas (ou seja, de herança desconhecida) como membros da raça, se trabalharem da forma correta, chamados a registar-se por mérito.

Raça mista

Para cães de raça mista (hereditariedade desconhecida), mestiços (de duas raças puras diferentes) ou cães de estimação de raça pura não registados, existem muitas pequenas empresas de registo na Internet que certificam qualquer cão como sendo de raça pura, independentemente do que se queira inventar.

No entanto, estão constantemente a ser criadas novas raças de cães de forma legítima e existem muitos sites de associações de novas raças e clubes de raças que oferecem registos legítimos para raças novas ou raras. Quando os cães de uma nova raça são "visivelmente semelhantes na maioria das caraterísticas" e têm descendência documentada fiável de um "stock de fundação conhecido e designado", podem então ser considerados membros de uma raça e, se um cão individual estiver documentado e registado, pode ser chamado de raça pura. Apenas a documentação da ascendência do stock de fundação de uma raça determina se um cão é ou não um membro de raça pura de uma raça.

Visão geral da criação de cães

Cão de exposição

O termo cão de exposição é normalmente utilizado de duas formas diferentes. Para as pessoas que gostam de cães, um cão de exposição é um cão de raça pura excecional que está em conformidade com o tipo de raça e tem um carácter extrovertido e cheio de energia. Para as pessoas que não têm interesse em exposições caninas, o termo "cão de exposição" é frequentemente utilizado de forma jocosa para se referir a um cão cujos únicos atributos são a sua aparência. Raymond Coppinger afirma: "Esta recente moda de criação de cães de raça pura está muito fora de controlo".

As exposições caninas (e o desporto conexo de Junior Handling para crianças e jovens) continuam a ser actividades populares; uma única exposição, a exposição canina Crufts de 2006, teve 143.000 espectadores, com 24.640 cães de raça pura inscritos, representando 178 raças diferentes de 35 países diferentes. O desporto da exposição canina de conformação só está aberto a cães de raça pura registados.

Visão geral da criação de cães

Questões de saúde

As doenças genéticas são um problema particular para os cães de registos cujos livros genealógicos estão fechados. Muitos clubes de canis nacionais proíbem o registo de cães que tenham ou sejam portadores de determinadas doenças genéticas. Algumas das doenças mais comuns incluem a displasia da anca, observada em cães de raças grandes, a doença de von Willebrand, uma doença que afecta as plaquetas e que é herdada nos Doberman Pinschers, o entrópio, um enrolamento da pálpebra observado nos Shar Peis e em muitas outras raças, a atrofia progressiva da retina, herdada em muitas raças, a surdez e a epilepsia, conhecida por ser herdada nos Cães de Pastor Belga, Cães de Pastor Alemão, Cocker Spaniels e São Bernardos. Em 2008, a BBC realizou um documentário sobre os problemas de saúde dos cães de raça.

Visão geral da criação de cães

O futuro dos cães de raça pura

A maioria das raças do Kennel Club que existem atualmente foram escolhidas a partir de raças terrestres existentes no final do século XIX. No entanto, a forma como esses cães aparecem atualmente foi personalizada para se enquadrar na descrição que o clube da raça escolheu para eles. Para tal, foi necessária uma criação selectiva e um abate rigoroso. Isto criou um estrangulamento genético que algumas pessoas pensam que tornará inviável a criação a partir de livros genealógicos fechados. As sugestões de melhoramento incluíram o outcrossing (abertura de livros genealógicos) e a medição e regulação da consanguinidade. Há alguns criadores que têm o cuidado de assegurar que os cães que criam não foram cruzados com demasiados outros cães, para que o património genético não diminua devido ao facto de todos cruzarem com um reprodutor popular. Há uma grande quantidade de criadores que se limitam a criar dois cães "com papel", assumindo que isso é tudo o que precisam de fazer.

No entanto, a ciência continua a melhorar e permite que os criadores testem as doenças genéticas. No passado, os criadores só conseguiam detetar animais afectados, mas agora é possível efetuar testes de ADN e criar apenas animais sem genes afectados para produzir raças mais fortes.

Capítulo 2
Reprodução e parto caninos

Bem-vindo a este guia completo sobre reprodução canina e parto. Este guia guiá-lo-á através dos processos e considerações essenciais para uma experiência de reprodução e parto bem sucedida.

1. Entendendo a anatomia reprodutiva canina

   Cães machos:
   Os principais órgãos reprodutores são os testículos, que produzem espermatozóides e testosterona.
   O pénis contém o bulbus glandis, que incha durante o acasalamento, assegurando um "laço" para uma reprodução eficaz.

   Cães fêmeas:
   Os principais órgãos incluem os ovários, o útero e a vagina.
   As fêmeas passam por um ciclo de estro (cio), que tem quatro fases: proestro, estro, diestro e anestro.

2. O ciclo estral

   Proestro (9 dias em média):
   Inchaço da vulva e corrimento sanguinolento.
   As fêmeas atraem os machos mas não são receptivas.

   Cio (5-13 dias):
   A ovulação ocorre e a fêmea está fértil e recetiva.
   O corrimento diminui e a vulva permanece inchada.

   Diestro (2 meses se não estiver grávida):
   Os níveis hormonais estabilizam e a fêmea deixa de estar recetiva.

Anestro (4-5 meses):
Período de repouso antes do ciclo seguinte.

3. Acasalamento

Acasalamento natural: Os cães machos e fêmeas podem interagir naturalmente. O "laço" ocorre quando o bulbus glandis incha, prendendo os cães juntos temporariamente.
Inseminação artificial: Utilizada quando o acasalamento natural não é viável. Um veterinário recolhe o esperma e deposita-o no trato reprodutivo da fêmea.

4. Gravidez

A gestação dura 58-68 dias (média: 63 dias).
Sinais de gravidez:
Abdómen aumentado.
Aumento do apetite.
Alterações de comportamento (mais afetuoso ou recluso).
Os mamilos aumentam de tamanho e podem escurecer.

Confirmação veterinária:

Ecografia (a partir dos 21-25 dias).
Radiografia (a partir do 45º dia para avaliar o número de cachorros).

5. Preparação para o parto

Criar uma caixa de parto:
Suficientemente grande para que a barragem se possa esticar confortavelmente.
Paredes baixas para facilitar o acesso, mas suficientemente altas para conter os cachorros.
Roupa de cama macia e limpa.

Reunir material:
Toalhas limpas.
Almofada de aquecimento (regulada para um nível baixo) ou lâmpada de calor.
Seringa com bolbo (para desobstruir as vias respiratórias dos cachorros).
Luvas descartáveis.
Tesouras esterilizadas e pinças umbilicais.

Monitorizar a barragem:
Meça a temperatura rectal duas vezes por dia durante a última semana. Uma descida para 98-99°F indica que o trabalho de parto vai começar dentro de 24 horas.

6. O processo de parto

Fase 1: Preparação (6-12 horas):

Inquietação, respiração ofegante, aninhamento e perda de apetite.
O colo do útero dilata-se e começam as contracções.

Fase 2: Parto (6-12 horas ou mais):

Os cachorros nascem com cerca de 30 a 60 minutos de intervalo.
Cada cachorro está envolvido num saco amniótico, que a barragem deve romper.

Prestar assistência, se necessário:

Partir o saco com cuidado e limpar o nariz e a boca do cachorro.
Estimular a respiração esfregando com uma toalha limpa.

Fase 3: Pós-parto:

A placenta é expulsa por cada cachorro.
Certifique-se de que a barragem não come demasiadas placentas, pois isso pode causar perturbações gástricas.

7. Cuidados pós-acolhimento

Para a barragem:
Monitorizar os sinais de infeção (corrimento fétido, febre, letargia).
Fornecer alimentos nutritivos e água fresca.
Para cachorros:
Verificar se está quente (os cachorros não conseguem regular a sua temperatura inicialmente).
Assegure-se de que cada cachorro mama nas primeiras 2 horas para ingerir colostro.
Observar o aumento de peso (recomenda-se a pesagem diária).

8. Resolução de problemas

Distocia (parto difícil):
Procurar ajuda veterinária se:
O trabalho de parto ultrapassa as 2 horas sem um cachorro.
Um cachorrinho está preso no canal de parto.
O corrimento verde aparece sem os cachorros.

Problemas com os cachorros:
Os cachorros fracos ou que não reagem podem necessitar de estímulos suaves e de calor.

9. Cuidados de longa duração

Socialize os cachorros desde cedo e marque a sua primeira visita ao veterinário às 6-8 semanas para vacinas e controlos de saúde.
Desmame os cachorros gradualmente entre 3-4 semanas.

Se seguir estes passos, pode garantir uma experiência segura e saudável tanto para a mãe como para os seus cachorros.

Os cuidados neonatais e a saúde dos cachorros são aspectos cruciais da criação de cães. Eis algumas considerações:

Cuidados neonatais:

Controlo da temperatura: Mantenha a área de parto quente (cerca de 85-90°F) para os cachorros recém-nascidos, uma vez que estes não conseguem regular a sua temperatura corporal inicialmente.

Alimentação: Os cachorros devem mamar nas primeiras horas após o nascimento para receberem o colostro, que fornece anticorpos essenciais.

Higiene: Manter a área de parto limpa e seca para evitar infecções.

Monitorização: Monitorizar os cachorros para detetar sinais de angústia, doença ou incapacidade de crescimento.

Considerações sobre a saúde do cachorro:

Vacinas: Siga um calendário de vacinação recomendado pelo seu veterinário para proteger os cachorros de doenças comuns.

Desparasitação: Desparasitar os cachorros regularmente para controlar os parasitas intestinais.

Alimentação: Fornecer uma dieta equilibrada adequada à sua idade e raça para apoiar o crescimento e o desenvolvimento.

Socialização: Expor os cachorros a diferentes ambientes, pessoas e experiências para promover a socialização e reduzir os problemas de comportamento.

Controlos de saúde: Agendar controlos de saúde regulares com um veterinário para detetar e resolver quaisquer problemas de saúde numa fase inicial.

A garantia de cuidados neonatais adequados e a abordagem de questões relacionadas com a saúde dos cachorros contribuirão para criar cães saudáveis e felizes, o que é essencial para uma empresa de criação de cães bem sucedida.

Preparação dos ciclos de reprodução e procedimentos de acasalamento

Compreender o ciclo de reprodução:

Conhecer o ciclo reprodutivo e as caraterísticas específicas da raça.

Familiarize-se com as quatro fases do ciclo estral de uma cadela: proestro, estro, diestro e anestro.

Monitorize as suas cadelas para detetar sinais de prontidão, tais como alterações comportamentais e indicadores físicos como inchaço e corrimento da vulva.

Controlos de saúde e testes genéticos:

Marque exames veterinários antes do cruzamento para garantir que ambos os cães estão de óptima saúde.

Realizar testes genéticos para identificar potenciais problemas hereditários que possam ser transmitidos aos descendentes.

Atualizar as vacinas e assegurar que ambos os cães estão livres de parasitas ou doenças transmissíveis.

Criar um plano de criação:

Planear o momento ideal para o acasalamento com base no ciclo de cio da fêmea, normalmente por volta do dia 9-14 do cio.

Mantenha registos da linhagem dos cães, do historial de saúde e das ninhadas anteriores para evitar a consanguinidade.

Definir objectivos de criação, tais como melhorar caraterísticas específicas ou cumprir os padrões da raça.

Preparar o ambiente:

Preparar um local calmo e sem stress para o processo de acasalamento.
Assegurar que o espaço está limpo e livre de distracções ou potenciais perigos.
Proporcionar um local confortável onde a fêmea possa descansar após o acasalamento.

Procedimentos de acasalamento:

Apresente os cães num espaço controlado e neutro para minimizar os comportamentos territoriais.
Observar o processo de acoplamento para garantir a segurança e o encaixe correto, especialmente durante a fase de ligação, que pode durar 5-30 minutos.
Evitar interromper os cães durante o acasalamento para reduzir o stress ou as lesões.

Cuidados pós-acasalamento:

Monitorizar a fêmea para detetar sinais de gravidez, tais como alterações no apetite, comportamento ou condição física.

Marcar uma consulta veterinária de acompanhamento para confirmar a gravidez por ultra-sons ou palpação.

Ajustar a dieta e a rotina de exercício da mulher para apoiar uma gravidez saudável.

A inclusão de conselhos detalhados, listas de verificação e dicas de criadores experientes pode aumentar o valor do capítulo para os leitores que estão a iniciar o seu próprio negócio de criação de cães.

Capítulo 3
Guia para Criação de cães de assistência

A criação de cães de assistência é um esforço intencional e especializado que requer um conhecimento profundo da genética, do temperamento e do treino. Aqui está um guia estruturado para garantir uma abordagem responsável e ética:

1. Compreender o papel dos cães de assistência

Os cães de serviço prestam assistência a pessoas com deficiência, realizando tarefas específicas. Os tipos mais comuns incluem:

    Cães-guia para pessoas com deficiência visual.
    Cães auditivos para pessoas com perda de audição.
    Cães de assistência à mobilidade para deficientes físicos.
    Cães de serviço psiquiátrico para apoio à saúde mental.

Cada função exige caraterísticas únicas, e o seu programa de criação deve visar as caraterísticas físicas e comportamentais adequadas.

2. Selecionar as raças adequadas

Certas raças são normalmente utilizadas devido à sua inteligência, temperamento e capacidade de treino:

    Labrador Retrievers: Amigáveis, adaptáveis e desejosos de agradar.
    Golden Retrievers: Inteligentes e gentis.
    Pastores alemães: Leais e disciplinados.
    Caniches: Hipoalergénicos com grande inteligência.

A raça que selecionar deve estar de acordo com as tarefas específicas do cão de assistência que pretende apoiar.

3. Avaliar os efectivos reprodutores

Os seus cães reprodutores devem ter as seguintes qualidades

Boa saúde: Efetuar exames de saúde para detetar doenças genéticas comuns (por exemplo, displasia da anca, problemas oculares ou problemas cardíacos).
Temperamento estável: Evitar cães com ansiedade, agressividade ou timidez extrema.
Pedigree comprovado: Selecione cães de linhas com um historial de animais de serviço bem sucedidos.

Assegurar que todos os cães cumprem as normas da raça e passam nas avaliações comportamentais.

4. Testes de temperamento

Iniciar as avaliações de temperamento desde cedo:

Teste de aptidão do cachorro (PAT) às 7-8 semanas: Mede a curiosidade, a atração social, a sensibilidade ao ruído e a resposta ao sobressalto.
Observações comportamentais: Procurar resiliência, concentração e vontade de aprender.

5. Potencial de formação

O seu objetivo é produzir cães com:

Inteligência: Aprendizagem rápida e capacidade de adaptação a tarefas complexas.
Comportamento calmo: Conforto em ambientes de elevado stress.
Aptidões de socialização: Capacidade de interagir bem com pessoas e outros animais.

A socialização precoce com vários ambientes, sons e pessoas é essencial.

6. Seguir práticas éticas

   Limitar a frequência de reprodução: Proteger a saúde dos seus animais reprodutores.
   Cumprir os regulamentos: Verifique a legislação local, estatal e federal relativa à criação de animais.
   Transparência: Fornecer registos completos de saúde e linhagem aos compradores ou organizações.

7. Parcerias com formadores e organizações

A colaboração é fundamental. Trabalhe com treinadores experientes, veterinários e organizações de cães de serviço para:

   Assegurar que os cachorros são colocados em programas de treino adequados.
   Obter feedback para melhorar as suas práticas de criação.

8. Plano para cães não adaptados

Nem todos os cachorros satisfazem os critérios de cão de assistência. Ter um plano para:

   Adoção em lares amorosos para animais de companhia.
   Papéis alternativos: Animais de terapia ou de apoio emocional.

9. Investir na formação contínua

Manter-se informado sobre:

   Avanços na genética e nas práticas de criação.
   Evolução dos requisitos para as tarefas dos cães de assistência.
   Investigação sobre saúde e comportamento.

Seguindo estes passos, pode contribuir de forma significativa para a criação de cães de assistência que transformam vidas.

Capítulo 4
Criação de cães
Consumíveis
& Equipamento

Material e equipamento para criação de cães

Borda do animal de estimação

A PetEdge é um fornecedor líder de artigos de higiene e de produtos para animais de estimação com desconto.

A Pet Edge dá-lhe acesso a mais de 12.000 produtos de marcas nacionais e produtos exclusivos da marca PetEdge através dos seus catálogos e do seu sítio Web.

http://goo.gl/R9DDto

ValleyVet

Quer esteja à procura de medicamentos sujeitos a receita médica, vacinas, controlo de parasitas, materiais para vedações, equipamento, um novo par de botas ou qualquer outra coisa, não procure mais, a ValleyVet oferece mais de 23.000 produtos!

https://urlzs.com/hh2ro

Material e equipamento para criação de cães

Criadores Exodus

A Exodus Breeders oferece material de reprodução como

- Kits de inseminação
- Material para recolha de sangue
- Transporte expresso de sémen canino
- Gestão e aprovisionamento de canis
- Kits e detectores de ovulação
- Todas as seringas e agulhas de plástico esterilizadas
- Kit de reanimação para cachorros
- Material de colheita de sémen
- Material de gestão da congelação do sémen

e muito mais!

https://www.exodusbreeders.com/

Material e equipamento para criação de cães

Fornecimento veterinário de A a Z

A to Z vet supply tem mais de 50.000 produtos. Poupe em tudo o que precisa para a criação de cães ao comprar material de criação de cães diretamente à A to Z Vet Supply. Eles tornam acessível e conveniente estocar produtos de higiene de qualidade, medicamentos, roupas de cama e outros suprimentos para canis.

A to Z Vet Supply é também o seu recurso único para material de parto, desde suplementos de reprodução a testes de gravidez e vacinas para os cachorros.

Também oferecem:

- Produtos de controlo de pulgas e carraças
- D-Wormers
- Colares e contratos de arrendamento
- Suplementos / Produtos nutricionais
- Auxiliares de formação
- Brinquedos e guloseimas
- Sistemas de identificação

https://urlzs.com/kYMf1

Material e equipamento para criação de cães

Lista completa de raças de cães reconhecidas

Clube Canino Americano

O American Kennel Club dedica-se a manter a integridade do seu Registo, a promover o desporto dos cães de raça pura e a criar cães de tipo e função. Fundado em 1884, o AKC® e as suas organizações afiliadas defendem o cão de raça pura como companhia da família, promovem a saúde e o bem-estar caninos, trabalham para proteger os direitos de todos os proprietários de cães e promovem a posse responsável de cães.

Não só pode obter uma lista de todas as raças de cães reconhecidas, como também pode fazê-lo a partir deste sítio Web:

- Obter produtos e serviços de treino para cães
- Encontrar cachorros
- Comprar novos produtos
- Participar em eventos desportivos
- Registar o seu cão

http://www.akc.org/dog-breeds/

Material e equipamento para criação de cães

Material de treino para cães

http://www.dog-training.com/

http://www.roverpet.com/

http://www.dogsupplies.com/

http://www.petwholesaler.com/index.php

http://www.happytailsspa.com/

http://www.futurepet.com/

http://www.petmanufacturers.com/

http://www.k9bytesgifts.com/

http://www.kingwholesale.com/

http://www.upco.com/

Material e equipamento para criação de cães

PROGRAMAS DE CERTIFICAÇÃO

Conselho de Certificação para Treinadores profissionais de cães

O Certification Council for Professional Dog Trainers® (CCPDT®) é o principal recurso independente de teste e certificação para profissionais de treino e comportamento de cães. Estabelecem o padrão global para o desenvolvimento de exames rigorosos para demonstrar o domínio de práticas de treino de cães humanas e baseadas na ciência. É uma organização privada, sem fins lucrativos.

http://www.ccpdt.org/

A Associação de Treinadores profissionais de cães

Quer esteja a iniciar uma carreira no treino de cães, seja um veterano da indústria ou esteja apenas a tentar decidir qual a melhor forma de adicionar um cão à sua família, a APDT é o local onde encontrará os conselhos, o apoio e a formação de que necessita.

https://apdt.com/join/certification/

Capítulo 5
Começar um negócio passo a passo

Começar a trabalhar

Só nos Estados Unidos existem mais de trinta milhões de empresas domiciliárias.

Muitas pessoas sonham com a independência e a recompensa financeira de ter um negócio em casa. Infelizmente, deixam que a paralisia da análise as impeça de agir. Este capítulo foi concebido para lhe dar um roteiro para começar. O passo mais difícil em qualquer viagem é o primeiro passo.

Anthony Robbins criou um programa chamado Poder Pessoal. Estudei o programa há muito tempo e, hoje, resumiria-o, dizendo que é preciso descobrir uma forma de se motivar para tomar medidas maciças sem medo de falhar.

2 Timóteo 1:7 King James Version

"Porque Deus não nos deu o espírito de temor, mas de fortaleza, e de amor, e de moderação."

Começar a trabalhar

PASSO #1 CRIAR UM ESCRITÓRIO EM SUA CASA

Se quer mesmo ganhar dinheiro, então refaça a caverna do homem ou a caverna da mulher e crie um lugar para fazer negócios, sem interrupções.

PASSO #2 ORÇAMENTO DO TEMPO PARA A SUA ACTIVIDADE

Se já tem um emprego, ou se tem filhos, podem ocupar uma grande parte do seu tempo. Já para não falar dos amigos bem intencionados que utilizam o telefone para se tornarem ladrões de tempo. Reserve tempo para a sua atividade e cumpra-o.

PASSO #3 DECIDIR SOBRE O TIPO DE NEGÓCIO

Não tem de ser rígido, mas comece com o objetivo final. Pode tornar-se mais flexível à medida que ganha experiência.

Começar a trabalhar

PASSO #4 FORMA JURÍDICA DA SUA EMPRESA

As três formas jurídicas básicas são a sociedade unipessoal, a sociedade de pessoas e a sociedade anónima. Cada uma tem as suas vantagens. Visite www.Sba.gov, informe-se sobre cada uma delas e tome uma decisão.

PASSO #5 ESCOLHER UM NOME PARA A EMPRESA E REGISTÁ-LO

Uma das formas mais seguras de escolher um nome para uma empresa é utilizar o seu próprio nome. Ao utilizar o seu próprio nome, não tem de se preocupar com violações dos direitos de autor.

No entanto, deve sempre consultar um advogado ou a autoridade jurídica adequada quando se trata de questões jurídicas.

Começar a trabalhar

PASSO #6 ESCREVER UM PLANO DE NEGÓCIOS

Isto parece ser óbvio. Independentemente do que está a tentar realizar, deve ter um plano. Deve ter um plano de negócios. Na NFL, cerca de sete treinadores são despedidos em cada época. Assim, num negócio muito competitivo, um homem sem qualquer experiência como treinador principal foi contratado pelos Philadelphia Eagles da NFL. O seu nome era Andy Reid. Mais tarde, Andy Reid viria a tornar-se o treinador mais bem sucedido da história da equipa. Uma das razões pelas quais o proprietário o contratou foi porque ele tinha um plano de negócios do tamanho de uma lista telefónica. O seu plano de negócios não precisa de ser assim tão grande, mas se planear o máximo possível, é menos provável que fique perturbado quando as coisas não correm como planeado.

PASSO #7 LICENÇAS E AUTORIZAÇÕES ADEQUADAS

Dirija-se à Câmara Municipal e informe-se sobre o que é necessário fazer para iniciar um negócio em casa.

Começar a trabalhar

PASSO #8 CRIAR UM SÍTIO WEB, SELECCIONAR CARTÕES DE VISITA, ARTIGOS DE PAPELARIA, BROCHURAS

Esta é uma das formas menos dispendiosas não só de iniciar o seu negócio, mas também de o promover e de o colocar em rede.

PASSO #9 ABRIR UMA CONTA CORRENTE PARA EMPRESAS

Ter uma conta comercial separada facilita muito o controlo dos lucros e das despesas. Isto será muito útil, quer decida fazer os seus próprios impostos ou contratar um profissional.

PASSO #10 TOMAR ALGUM TIPO DE ACÇÃO HOJE!

Não se pretende que este seja um plano completo para iniciar uma atividade. Destina-se a indicar-lhe a direção certa para começar. Pode consultar a Small Business Administration para obter muitos recursos gratuitos para iniciar o seu negócio. Até têm um programa (SCORE) que lhe dará acesso a muitos profissionais reformados que o aconselharão gratuitamente! O seu sítio Web:
www.score.org

Capítulo 6
A melhor maneira
Para escrever um
Plano de negócios

Como redigir um plano de negócios

Milhões de pessoas querem saber qual é o segredo para ganhar dinheiro. A maioria chegou à conclusão de que o segredo é começar um negócio. Então, como é que se começa um negócio? A primeira coisa a fazer para começar uma empresa é criar um plano de negócios.

Um plano de negócios é uma declaração formal de um conjunto de objectivos de negócios, as razões pelas quais se acredita que podem ser alcançados e o plano para atingir esses objectivos. Pode também conter informações básicas sobre a organização ou a equipa que está a tentar atingir esses objectivos.

Um plano de negócios profissional é composto por oito partes.

1. Sumário executivo

O sumário executivo é uma parte muito importante do seu plano de negócios. Muitos consideram-no o mais importante porque esta parte do seu plano apresenta um resumo do estado atual da sua empresa, para onde pretende levá-la e porque é que o plano de negócios que elaborou será um sucesso. Ao solicitar fundos para iniciar a sua empresa, o sumário executivo é uma oportunidade para chamar a atenção de um possível investidor.

Como redigir um plano de negócios

2. Descrição da empresa

A parte de descrição da empresa do seu plano de negócios apresenta uma análise de alto nível dos diferentes aspectos da sua empresa. É como colocar o seu discurso de elevador num breve resumo que pode ajudar os leitores e possíveis investidores a compreender rapidamente o objetivo da sua empresa e o que a fará sobressair, ou que necessidade única irá preencher.

3. Análise de mercado

A parte da análise de mercado do seu plano de negócios deve entrar em detalhes sobre o mercado e o potencial monetário do seu sector. Deve demonstrar uma pesquisa detalhada com estratégias lógicas de penetração no mercado. Irá utilizar preços baixos ou alta qualidade para penetrar no mercado?

4. Organização e gestão

A secção Organização e gestão segue-se à Análise de mercado. Nesta parte do plano de negócios, a estrutura organizacional da sua empresa, o tipo de estrutura empresarial de incorporação, a propriedade, a equipa de gestão e as qualificações de todos os que ocupam estas posições, incluindo o conselho de administração, se necessário.

Como redigir um plano de negócios

5. Serviço ou linha de produtos

A parte da linha de serviço ou produto do seu plano de negócios dá-lhe a oportunidade de descrever o seu serviço ou produto. Concentre-se mais nos benefícios para os clientes do que no que o produto ou serviço faz. Por exemplo, um aparelho de ar condicionado produz ar frio. A vantagem do produto é que arrefece e deixa os clientes mais confortáveis, quer estejam a conduzir num trânsito intenso ou estejam doentes e sentados num lar de idosos. Os aparelhos de ar condicionado preenchem uma necessidade que pode significar a diferença entre a vida e a morte. Utilize esta secção para indicar quais são as vantagens mais importantes do seu produto ou serviço e a necessidade que este preenche.

6. Marketing e vendas

Ter um plano de marketing comprovado é um elemento essencial para o sucesso de qualquer empresa. Atualmente, as vendas em linha estão a dominar o mercado. Apresente um forte plano de marketing na Internet, bem como um plano para as redes sociais. Vídeos no YouTube, anúncios no Facebook e comunicados de imprensa podem fazer parte do seu plano de marketing na Internet. Distribuir panfletos e cartões de visita continua a ser uma forma eficaz de chegar a potenciais clientes.

Utilize esta parte do seu plano de negócios para indicar as suas vendas projectadas e como chegou a esse número. Faça uma pesquisa sobre empresas semelhantes para obter possíveis estatísticas sobre números de vendas.

Como redigir um plano de negócios

7. Pedido de financiamento

Quando redigir a secção Pedido de financiamento do seu plano empresarial, certifique-se de que é pormenorizado e tem documentação sobre o custo dos fornecimentos, do espaço do edifício, do transporte, das despesas gerais e da promoção da sua empresa.

8. Projecções financeiras

Segue-se uma lista das demonstrações financeiras importantes a incluir no seu pacote de plano de negócios.

Dados financeiros históricos

Os seus dados financeiros históricos seriam extractos bancários, balanços e possíveis garantias para o seu empréstimo.

Dados financeiros prospectivos

A secção de dados financeiros prospectivos do seu plano de negócios deve mostrar o seu crescimento potencial no seu sector, projectando-o para, pelo menos, os próximos cinco anos.

Pode fazer projecções mensais ou trimestrais para o primeiro ano. Depois, projecte de ano para ano.

Inclua uma análise de rácios e tendências para todas as suas demonstrações financeiras. Utilize gráficos coloridos para explicar tendências positivas, como parte da secção de projecções financeiras do seu plano de negócios.

Como redigir um plano de negócios

Apêndice

O apêndice não deve fazer parte do corpo principal do plano de actividades. Deve ser fornecido apenas numa base de necessidade de conhecimento. O seu plano de negócios pode ser visto por muitas pessoas e não quer que certas informações estejam disponíveis para todos. Os credores podem precisar dessas informações, pelo que deve ter um apêndice pronto para o caso de ser necessário.

O apêndice incluiria:

Historial de crédito (pessoal e empresarial)

    Currículos dos principais gestores

    Imagens do produto

    Cartas de referência

    Pormenores dos estudos de mercado

    Artigos de revistas ou referências de livros relevantes

    Licenças, autorizações ou patentes

    Documentos jurídicos

    Cópias dos contratos de arrendamento

Como redigir um plano de negócios

Licenças de construção

Contratos

Lista de consultores empresariais, incluindo advogado e contabilista

Mantenha um registo de quem autoriza a ver o seu plano empresarial.

Incluir uma declaração de exoneração de responsabilidade de colocação privada. Um Private Placement Disclaimer é um memorando de colocação privada (PPM) que é um documento centrado principalmente nas possíveis desvantagens de um investimento.

Capítulo 7
Negócios Seguros

SEGUROS PARA EMPRESAS

Consulte um advogado para todos os seus assuntos comerciais.

No início dos anos 90, uma mulher idosa comprou uma chávena de café quente na janela de um drive-thru do McDonald's em Albuquerque. Derramou o café e sofreu queimaduras de 3º grau. Processou o Mcdonald's e ganhou. Ganhou 2,7 milhões de dólares numa vitória por danos punitivos. O veredito foi objeto de recurso e o acordo está estimado em cerca de 500.000 dólares. Tudo porque ela entornou o café no colo, enquanto tentava adicionar açúcar e natas.

Dois homens em Ohio eram instaladores de alcatifas. Ficaram gravemente queimados quando um recipiente de três galões e meio de cola para alcatifa se incendiou, ao ser ligado o aquecedor de água quente ao lado do qual se encontrava. Consideraram que a etiqueta de aviso na parte de trás da lata era insuficiente. Por isso, intentaram uma ação judicial contra os fabricantes de cola e foram-lhes atribuídos nove milhões de dólares.

Uma mulher de Oklahoma comprou uma Winnebago novinha em folha. Enquanto a conduzia para casa, regulou o controlo da velocidade de cruzeiro para 70 milhas por hora. Depois, deixou o lugar do condutor para fazer café ou uma sandes na parte de trás da autocaravana.

SEGUROS PARA EMPRESAS

O veículo despistou-se e a mulher processou a Winnebago por não a ter avisado de que o controlo de velocidade de cruzeiro não conduz nem dirige o veículo. Ganhou 1,7 milhões de dólares e a empresa teve de reescrever o seu manual de instruções.

Infelizmente, as três acções judiciais ultrajantes são reais. Se vai gerir uma empresa, qualquer empresa, deve considerar proteger-se com um seguro de responsabilidade profissional, também conhecido como seguro contra erros e omissões (E & 0).

Este tipo de seguro pode ajudar a protegê-lo de ter de pagar o custo total de se defender contra uma ação judicial por negligência.

Os erros e omissões podem protegê-lo contra reclamações que não estão normalmente cobertas por um seguro de responsabilidade civil normal. Essas apólices cobrem normalmente danos corporais ou danos materiais. Os erros e omissões podem protegê-lo contra negligência e outras angústias mentais, como conselhos incorrectos ou declarações falsas. A ação penal não está coberta.

O seguro contra erros e omissões é recomendado para notários públicos, corretores ou investidores imobiliários e profissionais como: engenheiros de software, advogados, inspectores de casas, criadores de sítios Web e arquitectos paisagistas, para citar algumas profissões.

SEGUROS PARA EMPRESAS

Os pedidos de indemnização por erros e omissões mais comuns:

%25 Violação do dever fiduciário

%15 Violação do contrato

%14 Negligência

%13 Falta de supervisão

%11 Inadequação

%10 Outros

SEGUROS PARA EMPRESAS

O que deve saber ou exigir antes de adquirir uma apólice de Erros e Omissões é...

* Qual é o limite de responsabilidade

* O que é a franquia

* Inclui FDD First Dollar Defense - que obriga a companhia de seguros a combater um caso sem uma franquia prévia.

* Tenho cobertura de fim de linha ou cobertura alargada (seguro que se prolonga até à reforma)?

* Cobertura alargada para os trabalhadores

* Cobertura de responsabilidade cibernética

* Cobertura Fiduciária do Departamento do Trabalho

* Cobertura de Insolvência

Se tiver um seguro contra erros e omissões, renove-o no dia em que expirar. Deve ter cuidado para evitar lacunas na sua cobertura, ou pode resultar na não renovação da sua apólice.

SEGUROS PARA EMPRESAS

Alguns fornecedores de seguros E & O:

Seguro

A Insureon afirma que a média das apólices de seguro contra erros e omissões custa cerca de $750 por ano ou cerca de $65 por mês. O preço, claro, varia de acordo com o seu negócio, a apólice que escolher e outros factores de risco.

https://www.insureon.com/home

EOforless

O EOforless.com ajuda os profissionais do sector dos seguros, dos investimentos e do imobiliário a comprarem seguros E & O a um preço acessível em cinco minutos ou menos.

https://www.eoforless.com/

SEGUROS PARA EMPRESAS

CalSurance Associates

Como uma corretora de seguros líder, a CalSurance Associates, uma divisão da Brown & Brown Program Insurance Services, Inc., tem mais de cinquenta anos de experiência no fornecimento de produtos de seguros abrangentes, serviços excepcionais e resultados comprovados para mais de 150.000 segurados. Eles fornecem profissionais em todo o país e em vários sectores, incluindo algumas das maiores empresas financeiras e companhias de seguros nos Estados Unidos.

http://www.calsurance.com/csweb/index.aspx

Mais vale prevenir do que remediar

O seguro é um dos custos ocultos da atividade empresarial. Estas são apenas algumas empresas e um breve resumo sobre o tema dos seguros para empresas. Não se esqueça de falar com um advogado ou um agente de seguros qualificado antes de tomar qualquer decisão sobre seguros. Proteja-se a si e à sua empresa. Muitos estados não exigem seguros de E & O. Mas quando se vê o custo de algumas das indemnizações, é melhor prevenir do que remediar.

Capítulo 8
Mina de ouro das subvenções governamentais

Como redigir um Prémio

Proposta de subvenção

Mina de ouro das subvenções governamentais

Subsídios do governo. Muitas pessoas não acreditam que as subvenções governamentais existam ou pensam que nunca conseguirão obter dinheiro de subvenções governamentais.

Primeiro, vamos esclarecer uma coisa. O dinheiro dos subsídios do governo é **o SEU DINHEIRO**. O dinheiro do governo vem dos impostos pagos pelos residentes deste país. Dependendo do estado em que vive, está a pagar impostos sobre quase tudo.... Imposto sobre a propriedade da sua casa. Imposto sobre a propriedade do teu carro. Impostos sobre as coisas que compra no centro comercial ou na bomba de gasolina. Impostos sobre a gasolina, os alimentos que compra, etc.

Por isso, mentalize-se de que não é um caso de caridade ou demasiado orgulhoso para pedir ajuda, porque empresas bilionárias como a GM, os grandes bancos e a maior parte da América corporativa não hesitam em obter a sua parte do **SEU DINHEIRO**!

Existem mais de dois mil e trezentos (2.300) Programas de Assistência do Governo Federal. Alguns são empréstimos, mas muitos são subsídios de fórmula e subsídios para projectos. Para ver todos os programas disponíveis, aceda a:

https://beta.sam.gov/help/assistance-listing

REDACÇÃO DE UMA PROPOSTA DE SUBVENÇÃO

Os componentes básicos de uma proposta

Existem oito componentes básicos para criar um pacote de propostas sólido:

1. O resumo da proposta;

2. Apresentação da organização;

3. A declaração do problema (ou avaliação das necessidades);

4. Objectivos do projeto;

5. Métodos de projeto ou conceção;

6. Avaliação do projeto;

7. Financiamento futuro; e

8. O orçamento do projeto.

REDACÇÃO DE UMA PROPOSTA DE SUBVENÇÃO

Resumo da proposta

O Resumo da Proposta é um esboço das metas e objectivos do projeto. O resumo da proposta deve ser curto e direto. Não mais do que 2 ou 3 parágrafos. Coloque-o no início da proposta.

Introdução

A parte de Introdução da sua proposta de subsídio apresenta-o a si e à sua empresa como um candidato e uma organização credíveis.

Destaque as realizações da sua organização a partir de todas as fontes: artigos de jornal ou em linha, etc. Inclua uma biografia dos principais membros e líderes. Indique os objectivos e a filosofia da empresa.

A declaração do problema

A declaração do problema torna claro o problema que vai resolver (talvez reduzir o número de sem-abrigo). Certifique-se de que utiliza factos. Indique quem e como as pessoas afectadas beneficiarão com a resolução do problema. Indique a forma exacta como vai resolver o problema.

REDACÇÃO DE UMA PROPOSTA DE SUBVENÇÃO

Objectivos do projeto

A secção Objectivos do projeto da sua proposta de subvenção centra-se nas Metas e nos Resultados pretendidos.

Certifique-se de que identifica todos os objectivos e a forma como os vai atingir. Quanto mais estatísticas puder encontrar para apoiar os seus objectivos, melhor. Certifique-se de que apresenta objectivos realistas. Poderá ser julgado pela forma como cumpre o que disse que tencionava fazer.

Métodos e conceção de programas

A secção de métodos e conceção do programa da sua proposta de subsídio é um plano de ação detalhado.

    Que recursos vão ser utilizados.

    Que pessoal vai ser necessário.

    Desenvolvimento de sistemas.

    Criar um fluxograma das caraterísticas do projeto.

    Explicar o que se pretende alcançar.

    Tente apresentar provas do que será alcançado.

    Faça um diagrama da conceção do programa.

REDACÇÃO DE UMA PROPOSTA DE SUBVENÇÃO

Avaliação

Existe a avaliação do produto e a avaliação do processo. A avaliação do produto diz respeito aos resultados relacionados com o projeto e à forma como o projeto atingiu os seus objectivos.

A avaliação do processo diz respeito à forma como o projeto foi conduzido, à sua conformidade com o plano originalmente estabelecido e à eficácia global dos diferentes aspectos do plano.

As avaliações podem começar em qualquer altura durante o projeto ou no final do mesmo. Aconselha-se a apresentação de um projeto de avaliação no início de um projeto.

É melhor se tiver recolhido dados convincentes antes e durante o programa.

Se a conceção da avaliação não for apresentada no início, isso poderá incentivar uma revisão crítica da conceção do programa.

Financiamento futuro

A parte da proposta de subvenção relativa ao financiamento futuro deve incluir o planeamento do projeto a longo prazo, para além do período da subvenção.

REDACÇÃO DE UMA PROPOSTA DE SUBVENÇÃO

Orçamento

Serviços públicos, aluguer de equipamento, pessoal, salário, alimentação, transportes, contas de telefone e seguros são apenas alguns dos aspectos a incluir no orçamento.

Um orçamento bem elaborado tem em conta todos os cêntimos.

Para obter um guia completo sobre as subvenções do governo, consultar o Google

catálogo da assistência nacional federal. Pode descarregar uma versão PDF completa do catálogo.

Outras fontes de financiamento público

Pode obter empréstimos gerais para pequenas empresas junto do governo. Para mais informações, consulte a Small Business Administration.

Programa de Microempréstimos da SBA

O programa de microempréstimos concede empréstimos até $50.000, sendo o empréstimo médio de $13.000.

https://www.sba.gov/

REDACÇÃO DE UMA PROPOSTA DE SUBVENÇÃO

Recentemente, o bilionário Elon Musk recebeu 4,9 mil milhões de dólares em subsídios governamentais. Se está hesitante em pedir ajuda ao governo, deixe que isto lhe sirva de lição. Um bilionário que paga poucos impostos recebeu milhares de milhões do dinheiro dos seus impostos.

As subvenções governamentais são reais. Como tudo o que vale a pena, há um esforço e qualificações que devem ser cumpridas para as obter.

Capítulo 9
Dinheiro colossal de Financiamento coletivo

Crowd Funding Crowd Sourcing

Em 2015, mais de 34 mil milhões de dólares foram angariados através do crowdfunding. As raízes do crowdfunding e do crowdsourcing remontam a 2005 e ajudam a financiar ou a custear projectos através da angariação de fundos junto de um grande número de pessoas, normalmente através da Internet.

Este tipo de angariação de fundos ou de capital de risco tem normalmente 3 componentes. O indivíduo ou organização com um projeto que necessita de financiamento, grupos de pessoas que fazem donativos para o projeto e uma organização que estabelece uma estrutura ou regras para juntar os dois.

Estes sítios Web cobram taxas. A taxa normal para o sucesso é de cerca de 5 %. Se o seu objetivo não for atingido, também é cobrada uma taxa.

Segue-se uma lista dos principais sítios Web de financiamento coletivo, segundo a minha opinião e a da colaboradora da revista Entrepreneur, Sally Outlaw.

Crowd Funding Crowd Sourcing

https://www.indiegogo.com/

Começou por ser uma plataforma para a realização de filmes, mas atualmente ajuda a angariar fundos para qualquer causa.

http://rockethub.com/

Começou por ser uma plataforma para as artes, mas atualmente ajuda a angariar fundos para empresas, ciência, projectos sociais e educação.

http://peerbackers.com/

A Peerbackers centra-se na angariação de fundos para empresas, empresários e inovadores.

https://www.kickstarter.com/

O mais popular e conhecido de todos os sítios Web de financiamento coletivo. O Kickstarter centra-se no cinema, na música, na tecnologia, nos jogos, no design e nas artes criativas. O Kickstarter só aceita projectos dos Estados Unidos, do Canadá e do Reino Unido.

Crowd Funding Crowd Sourcing

Grupo Growvc

http://group.growvc.com/

Este sítio Web destina-se à inovação empresarial e tecnológica.

https://microventures.com/

Obter acesso a investidores-anjo. Este sítio Web destina-se a empresas em fase de arranque.

https://angel.co/

Outro sítio Web para empresas em fase de arranque.

https://circleup.com/

Circle up destina-se a empresas de consumo inovadoras.

https://www.patreon.com/

Se começar um canal no YouTube (altamente recomendado), vai ouvir falar frequentemente deste sítio Web. Este sítio Web destina-se a pessoas com conteúdos criativos.

Crowd Funding Crowd Sourcing

https://www.crowdrise.com/

"Angariar dinheiro para qualquer causa que o inspire." O slogan da página de destino fala por si. Website #1 de angariação de fundos para causas pessoais.

https://www.gofundme.com/

Este sítio Web de angariação de fundos permite a angariação de negócios, caridade, educação, emergências, desporto, medicina, memoriais, animais, fé, família, recém-casados, etc...

https://www.youcaring.com/

O líder na angariação de fundos gratuita. Mais de 400 milhões de dólares angariados.

https://fundrazr.com/

A FundRazr é uma plataforma de angariação de fundos online premiada que tem ajudado milhares de pessoas e organizações a angariar fundos
para causas que lhes interessam.

Capítulo 10 Marketing
Como chegar a um bilião de pessoas de graça!

Como chegar a um bilião de pessoas gratuitamente!

A comercialização do seu negócio de cafetaria é essencial para o seu sucesso. No ambiente empresarial atual, o marketing não tem de ser dispendioso. Com as redes sociais e os grandes motores de busca, como o Google e o YouTube, pode colocar o seu negócio à frente de milhões de pessoas sem que isso custe uma fortuna.

MARKETING A CUSTO ZERO

Embora existam muitas formas de comercializar, vamos concentrar-nos apenas no MARKETING DE CUSTO ZERO. Está a começar. Poderá sempre optar por formas mais dispendiosas de marketing depois de a sua empresa estar a produzir rendimentos.

ALOJAMENTO WEB GRATUITO

Obter um site gratuito. Pode obter um sítio Web gratuito em weebly.com ou wix.com. Ou basta escrever "alojamento web gratuito" num motor de busca do Google, do Bing ou do Yahoo.

O alojamento Web gratuito é algo que se pode utilizar por várias razões. No entanto, muitos sítios de alojamento web gratuito acrescentam uma extensão ao nome do seu endereço web que permite que todos saibam que está a utilizar os seus serviços. Por esta razão, quando começar a ter rendimentos, pode querer aumentar a sua escala.

Como chegar a um bilião de pessoas gratuitamente!

ALOJAMENTO WEB PAGO DE BAIXO CUSTO

Grátis é bom, mas quando precisa de expandir o seu negócio, é melhor optar por um serviço de alojamento web pago. Existem vários que lhe oferecem um bom valor por menos de $10.00 por mês.

1. Yahoo pequena empresa
2. Intuit.com
3. ipage.com
4. Hostgator.com
5. Godaddy.com

O Yahoo Small Business permite páginas Web ilimitadas e é provavelmente o melhor valor global, mas exige um pagamento antecipado de um ano. O Intuit permite pagamentos mensais.

Para ter um comércio eletrónico gratuito no seu sítio Web, abra uma conta Paypal e obtenha gratuitamente o código HTML para os botões de pagamento. Em seguida, coloque esses botões no seu sítio Web.

Como chegar a um bilião de pessoas gratuitamente!

Etapa 1: marketing na Internet a custo zero

Agora que o seu sítio Web está pronto e a funcionar, deve registá-lo pelo menos nos 3 principais motores de busca. 1. Google 2. Bing 3. Yahoo.

Etapa 2: marketing na Internet a custo zero

Escreva e envie um **comunicado de imprensa**. Procure no Google "sites de comunicados de imprensa gratuitos" para encontrar sites de comunicados de imprensa que lhe permitam enviar comunicados de imprensa gratuitamente. Se não souber como escrever um comunicado de imprensa, vá a www.fiverr.com e subcontrate o trabalho por apenas $5.00 !!!

Etapa 3 marketing na Internet a custo zero

Escreva e envie artigos para sítios Web de marketing de artigos, como o **ezinearticles.com**.

Etapa 4 marketing na Internet a custo zero

Crie e envie vídeos para sites de partilha de vídeos como o dailymotion.com ou **o youtube.com.** Certifique-se de que inclui uma hiperligação para o seu sítio Web na descrição dos seus vídeos.

Etapa 5: marketing na Internet a custo zero

Submeta o seu sítio web a **dmoz.org**. Trata-se de um enorme diretório aberto ao qual recorrem muitos motores de busca mais pequenos para obterem sítios Web para a sua base de dados.

Como chegar a um bilião de pessoas gratuitamente!

O YouTube tem mais de mil milhões de utilizadores. É possível que já tenha um canal no YouTube e seja bom a fazer vídeos. No entanto, se não estiver familiarizado com a criação e o carregamento de vídeos no YouTube, pode ir a um sítio Web chamado ....

fiverr

https://www.fiverr.com/

https://goo.gl/R9x7NU

https://goo.gl/B7uF4L

https://goo.gl/YZ6VdS

https://goo.gl/RoPurV

No fiverr pode obter um vídeo do YouTube criado rápida e facilmente por apenas $5.00.
 (atualmente existe também uma taxa de serviço de 1 dólar)

Assim, por menos do que um bilhete de cinema, pode ter um anúncio do seu imóvel ou empresa a funcionar 24 horas por dia, 7 dias por semana.

Uma vez carregado o vídeo, é necessário saber como fazer com que as pessoas o vejam. É aí que entra a otimização para motores de busca SEO.

Como chegar a um bilião de pessoas gratuitamente!

Como fazer com que o seu vídeo seja visto

O YouTube lê qualquer interação que o espetador faça com o seu vídeo como um sinal de que o seu vídeo é interessante. Assim, um polegar para cima ou um gosto aumentará a classificação do seu vídeo.

Os comentários dos espectadores podem impulsionar um vídeo nas classificações de pesquisa. Por isso, uma dica para conseguir que um espetador deixe um comentário é dizer "Estou curioso para saber o que pensa sobre (inserir tópico). Outra forma de obter comentários dos espectadores é criar um vídeo sobre leis de controlo de armas, relações raciais, direitos ao aborto ou qualquer outro tópico controverso.

O YouTube pode enviar um aviso a todos os seus Subscritores sempre que carregar um vídeo. Assim, quanto mais subscritores tiver, maior será a probabilidade de o seu vídeo obter visualizações, e as visualizações ajudam a classificar o vídeo numa posição mais elevada nos resultados de pesquisa do YouTube.

Conseguir que o espetador partilhe uma hiperligação para as suas páginas nas redes sociais é o que torna o nosso vídeo viral. Um conteúdo excelente ou divertido é a chave. Também não faz mal pedir simplesmente ao espetador que o faça.

Em vez de dizer a mesma coisa em todos os vídeos, pode criar um vídeo de "encerramento" e carregá-lo no YouTube. Depois, pode utilizar o editor do YouTube para o adicionar a qualquer vídeo que carregue.

Como chegar a um bilião de pessoas gratuitamente!

Search Engine Optimization (SEO) é o termo utilizado para as técnicas utilizadas para direcionar o tráfego para o seu vídeo. Muitas pessoas utilizam tácticas que vão contra as regras do YouTube para atrair tráfego para os seus vídeos. Estas tácticas são designadas por "Black Hat". Existem muitos sítios Web onde pode comprar visualizações para os seus vídeos. Aconselho-o a manter-se afastado de possíveis tácticas pouco éticas. Obtenha as suas visualizações de forma orgânica.

Pode começar o seu vídeo com um bom tráfego, enviando-o num link a todas as pessoas a quem envia regularmente e-mails.

Ferramenta de palavras-chave do Google

Para começar a sua SEO, utilize a ferramenta de palavras-chave do Google. Aceda a

https://adwords.google.com/KeywordPlanner

Uma vez lá, digita a sua palavra-chave de raiz ou frase de palavra-chave. O Google dá-lhe cerca de 700-1200 resultados que considera relevantes para a sua palavra-chave ou frase original. Selecionar as palavras-chave certas para o seu vídeo é a chave para conseguir classificar os seus vídeos.

Como chegar a um bilião de pessoas gratuitamente!

Como selecionar as suas palavras-chave

Quando tiver os seus 700 resultados, pode ordená-los por relevância. Isto dar-lhe-á uma elevada probabilidade de classificação para a palavra-chave ou frase original que introduziu.

Pode ordenar os seus resultados por concorrência. Pode escolher palavras-chave ou frases de baixa concorrência para aumentar as suas hipóteses de ser classificado. As palavras-chave de baixa concorrência têm normalmente menos pesquisas "por mês", mas uma combinação de algumas classificações pode, por vezes, ser melhor do que a classificação de apenas uma palavra-chave.

Marketing de artigos

O Ezine Articles é um dos principais sítios de marketing de artigos na Internet. Pode aderir gratuitamente em http://ezinearticles.com/. Depois de aderir ao sítio, pode carregar artigos para este sítio Web que sejam relevantes para o seu vídeo do YouTube. O Ezine permite-lhe colocar um link no seu artigo. A hiperligação pode remeter para o seu tráfego no YouTube e aumentar drasticamente as visualizações.

Quando escreve o seu artigo, deve tentar corresponder o mais possível ao seu vídeo do YouTube. Utilize os mesmos cabeçalhos, títulos e descrição, tanto quanto possível. O YouTube e o Google adoram a relevância.

Como chegar a um bilião de pessoas gratuitamente!

O seu artigo deve ter entre 700 e 800 palavras. Este é o tamanho que muitos blogues preferem. Quando o seu artigo é carregado no Ezine articles, pode ser recolhido por qualquer sítio Web do mundo. Uma vez, um artigo sobre marketing fotográfico foi aceite por quase 800 blogues de todo o mundo. Muitos deles deixaram o link colocado no artigo, o que permitiu que toneladas de tráfego fossem atraídas para os meus vídeos ou sítio Web. Nem todos os blogues são éticos e muitos removerão o seu link para manter o tráfego no seu sítio Web. Muitos também substituem o seu link pelo deles. Não saberá até tentar.

Comunicados de imprensa

Uma das formas mais poderosas de aumentar o tráfego para os seus vídeos é escrever e enviar um comunicado de imprensa. Se nunca escreveu um comunicado de imprensa, não se deixe intimidar. Pode ir a um site www.fiverr.com e obter um comunicado de imprensa escrito por apenas $5.00!

Se quiser redigir você mesmo o comunicado de imprensa, aqui ficam algumas dicas.

O formato básico é de 3 parágrafos numa página, para publicação imediata. A não ser que se trate de uma data como um feriado, em que é melhor pedir ao editor para adiar a publicação.

Como chegar a um bilião de pessoas gratuitamente!

O título deve chamar a atenção. Se não chamar a atenção do editor, o resto do comunicado de imprensa não será lido. Consultar os sítios Web de comunicados de imprensa e ver os comunicados de imprensa que foram publicados e estudar os títulos e o formato correto.

Depois de ter criado o seu título, escreva 3 parágrafos. O primeiro parágrafo é um breve resumo do que é a sua história. "Mas tenho tanto para contar que não consigo resumir tudo num parágrafo curto." A guerra revolucionária tem imensas histórias extraordinárias. Foram feitos filmes inteiros de 2 horas sobre ela. Aqui está uma descrição de duas frases desses acontecimentos. As futuras colónias dos Estados Unidos lutaram contra os britânicos. As colónias ganharam!

O segundo parágrafo é a descrição da sua história. Mantenha-a sob a forma de uma notícia. Não tente vender no seu comunicado de imprensa. Os programas de entretenimento são bons a trazer uma celebridade, a fazer uma pequena reportagem e a terminar a entrevista com uma apresentação ou uma proposta para o seu produto ou causa...

O terceiro parágrafo é o seu apelo à ação. "Para mais informações sobre como ajudar as vítimas de ligue 555-1212 ou aceda a esta hiperligação".

A maioria dos sítios Web de comunicados de imprensa permite-lhe colocar pelo menos uma ligação no seu comunicado de imprensa.

Como chegar a um bilião de pessoas gratuitamente!

Aqui está uma lista dos cinco principais sítios Web de comunicados de imprensa gratuitos:

Principais sites de comunicados de imprensa gratuitos

https://www.prlog.org

https://www.pr.com

https://www.pr-inside.com

https://www.newswire.com

https://www.OnlinePRNews.com

Como chegar a um bilião de pessoas gratuitamente!

Sítios Web de redes sociais

Quando carrega os seus vídeos no YouTube, deve comentar e gostar do seu próprio vídeo. Depois de gostar do seu próprio vídeo, o YouTube dá-lhe a opção de ligar o vídeo a poderosos sítios Web de redes sociais. Por isso, é necessário aderir a estes sítios antes de carregar os seus vídeos. Segue-se uma lista de alguns dos sítios Web de redes sociais a que deve aderir. Quando liga os seus vídeos a estes sítios Web, cria uma ligação para um sítio Web altamente classificado, o que, por sua vez, entra em linha de conta no algoritmo do YouTube e do Google para determinar qual o vídeo considerado relevante e mais popular.

Sítios Web de redes sociais

https://www.facebook.com

https://www.tumbler.com

https://www.pinterest.com

https://www.reddit.com

https://www.linkedin.com/

http://digg.com/

https://twitter.com

https://plus.google.com/

Como chegar a um bilião de pessoas gratuitamente!

Por último, um dos métodos de marketing mais bem sucedidos utilizados atualmente é o "marketing de permissão". É quando se consegue que um potencial cliente lhe dê o seu endereço de correio eletrónico e, assim, permissão para o comercializar.

Precisa de uma plataforma de automatização de marketing e de um serviço de marketing por correio eletrónico. Estas empresas armazenam e enviam os seus e-mails.

Getresponse, MailChimp e Aweber são algumas das empresas de autoresponder de armazenamento de correio eletrónico mais populares.

Para criar uma lista de correio eletrónico, normalmente é necessário oferecer um produto, relatório ou livro gratuito em troca do endereço de correio eletrónico. Em seguida, envia-os para uma página Web que capta e armazena o endereço de correio eletrónico.

Capítulo 11
GUIA DE RECURSOS DA WEB PARA CRIAÇÃO DE CÃES

Rolodex de recursos por grosso na Web

No momento da redação deste livro, todas as empresas abaixo indicadas têm o seu sítio Web ativo. De tempos a tempos, as empresas cessam a sua atividade ou mudam de endereço na Internet. Por isso, em vez de lhe dar apenas uma fonte, dou-lhe muitas para escolher.

Material de criação de cães

http://goo.gl/R9DDto

http://www.valleyvet.com/c/pet-supplies/dog-breeding-supplies.html

http://www.breederssupply.com/

http://www.atozvetsupply.com/Breeder-supplies-s/20.htm

https://www.exodusbreeders.com/

Organizações

http://www.adbadogs.com/p_home.asp

http://www.arba.org/

http://www.iwdba.org/

Lista completa de raças de cães reconhecidas

http://www.akc.org/dog-breeds/

Material de treino para cães

http://www.dog-training.com/

http://www.roverpet.com/

http://www.dogsupplies.com/

http://www.petwholesaler.com/index.php

http://www.happytailsspa.com/

http://www.futurepet.com/

http://www.petmanufacturers.com/

http://www.k9bytesgifts.com/

http://www.kingwholesale.com/

http://www.upco.com/

PROGRAMAS DE CERTIFICAÇÃO

http://www.ccpdt.org/

https://apdt.com/join/certification/

Informações sobre cães
www.rainbowridgekennels.com

TRANSPORTE
Camiões/CARROS usados online

http://gsaauctions.gov/gsaauctions/gsaauctions/

http://www.ebay.com/motors

http://www.uhaul.com/TruckSales/

http://www.usedtrucks.ryder.com/vehicle/VehicleSearch.aspx?VehicleTypeId=1&VehicleGroupId=3

http://www.penskeusedtrucks.com/truck-types/light-and-medium-duty/

Peças

http://www.truckchamp.com/

http://www.autopartswarehouse.com/

Bicicletas e motociclos

http://gsaauctions.gov/gsaauctions/aucindx/

http://www.bikesdirect.com/products/used-bikes/?gclid=CLCF0vaDm7kCFYtDMgodzW0AXQ

http://www.overstock.com/Sports-Toys/Cycling/450/cat.html

http://www.nashbar.com/bikes/TopCategories_10053_10052_-1

http://www.bti-usa.com/

http://evosales.com/

COMPUTADORES/Equipamento de escritório

http://www.wtsmedia.com/

http://www.laptopplaza.com/

http://www.outletpc.com/

Kits de ferramentas para computador

http://www.dhgate.com/wholesale/computer+repair+tools.html

http://www.aliexpress.com/wholesale/wholesale-repair-computer-tool.html

http://wholesalecomputercables.com/Computer-Repair-Tool-Kit/M/B00006OXGZ.htm

http://www.amazon.com/Wholesale-Computer-Repair-Screwdriver-Insert/dp/B009KV1MM0

http://www.tigerdirect.com/applications/category/category_tlc.asp?CatId=47&name=Computer%20Tools

Peças para computadores

http://www.laptopuniverse.com/

http://www.sabcal.com/

outros

http://www.nearbyexpress.com/

http://www.commercialbargains.co

http://www.getpaid2workfromhome.com

http://www.boyerblog.com/success-tools

liquidatários de mercadorias americanos

http://www.amlinc.com/

o clube de encerramento

http://www.thecloseoutclub.com/

Vendas com desconto RJ

http://www.rjsks.com/

Venda por grosso em São Luís

http://www.stlouiswholesale.com/

Eletrónica por grosso

http://www.weisd.com/

ana grossista

http://www.anawholesale.com/

comércio grossista de escritório

http://www.1-computerdesks.com/

1aaa mercadorias por grosso

http://www.1aaawholesalemerchandise.com/

grandes lotes por atacado

http://www.biglotswholesale.com/

Mais recursos empresariais

1. http://www.sba.gov/content/starting-green-business

negócios baseados em casa

2. http://www.sba.gov/content/home-based-business

3. empresas em linha

http://www.sba.gov/content/setting-online-business

4. trabalhadores por conta própria e contratantes independentes

http://www.sba.gov/content/self-employed-independent-contractors

5. empresas pertencentes a minorias

http://www.sba.gov/content/minority-owned-businesses

6. empresas pertencentes a veteranos

http://www.sba.gov/content/veteran-service-disabled-veteran-owned

7. empresas pertencentes a mulheres

http://www.sba.gov/content/women-owned-businesses

8. pessoas com deficiência

http://www.sba.gov/content/people-with-disabilities

9. jovens empresários

http://www.sba.gov/content/young-entrepreneurs

Por fim, se gostou deste livro, partilhe a sua opinião e publique uma crítica na Amazon. Será muito apreciado!

Muito obrigado,

Brian Mahoney

Também pode interessar-lhe:

Como obter dinheiro para o arranque de uma pequena empresa:
Como obter muito dinheiro através de crowdfunding, subvenções governamentais e empréstimos governamentais

Por Ramsey Colwell

Por Ramsey Colwell